シリーズ・「変わる！キャリア教育」

1 学校に いくのは、なんのため？

読み・書き・計算と学ぶ態度を身につけよう

長田 徹 監修（文部科学省初等中等教育局児童生徒課生徒指導調査官）
稲葉茂勝 著（子どもジャーナリスト）

ミネルヴァ書房

はじめに

小・中学生が、学校にいかなければならないのは、なぜだと思いますか？　「義務教育だから」という人がいるかもしれません。でも、子どもには、学校にいく義務があるわけではありません。「義務教育」は、子どもに教育を受けさせなければならないという保護者の義務なのです。

日本は、「教育の義務」「勤労の義務」「納税の義務」を、憲法でさだめています（日本国民の三大義務という）。

義務教育については、上に記したように誤解もありますが、それでも、日本人なら、働かなければならないのも、税金を納めなければならないのも、当たり前のこととして受け入れています。

しかし、この3つが憲法に規定されているのは、外国とくらべると異例のことなのです。義務教育と納税の義務は、外国でも、さだめられていることが多いですが、勤労の義務を規定している自由主義の国はめずらしい（社会主義国にはある）。それは、自由主義の体制では、納税の義務が規定されていればそれでじゅうぶん。どのように収入を得るかは、まったく自由でなければならないからです。

「キャリア教育」ということばを聞いたことはありますか？　文部科学省は、キャリア教育について「一人一人の社会的・職業的自立に向け、必要な能力や態度を育てることを通してキャリア発達をうながす教育」とし、「キャリア発達」とは「社会のなかで自分の役割を果たしながら、自分らしい生き方を実現していく過程をキャリア発達という」と説明しています。かんたんにいえば、なぜ学ぶのか、なぜ働くのかなどを小学生は小学生らしく、中学生は中学生らしく考えていくということです。

このための授業が、2003年ころから学校でさかんにおこなわれてきました。はじめのころは、さまざまな仕事がどのようなものか、どうすればその職業につけるかなどを、子どもたちに学習してもらってきました。それに関連する本もたくさん出版されてきました。

ところが、これからは、仕事を知って、職業へのつき方を学ぶだけでなく、将来仕事をする・職業につくために、必要な能力や態度を身につけてもらうことに力を入れて、きみたちに学んでいってもらうことになりました。「変わるキャリア教育」の背景には、こうした事情がありました。

きみたちにとっては、なんのために勉強するの？　大人はなんのために働くの？　といった根本的なことを、学校でしっかり学習していくということになります。

こうしたなか、このシリーズは、文部科学省初等中等教育局の生徒指導調査官をつとめる長田徹先生の指導のもと、きみたちがなにを考え、どんなことを話しあっていったらよいかを、具体的に提供するためにつくった本です。

1 学校にいくのは、なんのため？
読み・書き・計算と学ぶ態度を身につけよう

2 「仕事」と「職業」はどうちがうの？
キャリア教育の現場を見てみよう

3 どうして仕事をしなければならないの？
アクティブ・ラーニングの実例から

シリーズは全3巻で構成してあります。よく読んで、学校や家庭でも、仕事・職業について、どんどん話しあってください。きっと自分らしい生き方を実現していくのに役立ちますよ。

子どもジャーナリスト
Journalist for children　稲葉茂勝

もくじ

　　　はじめに 2
1 これだけは知っておきたい「変わるキャリア教育」 4
2 「読み・書き・そろばん」って？ 6
　　　もっと考えよう！ 世界では、「3R」ができないと……！ 8
3 日本で学校にいかないと、どうなる？ 10
　　　もっと考えよう！ 日本の義務教育 12

4 「読み・書き・そろばん」の能力だけではだめ！ 14
5 学校でやしなうのは「態度」！ 16
6 学校と社会について考えてみよう 19
　　　もっと考えよう！ 明治時代の小学校の設置状況 20
7 就職するってどういうこと？ 22
8 自分の将来を設計するには？ 24
　　　もっと考えよう！ 経済格差と教育格差 26

　　　見てみよう！ 先生たちも学校や地域で研究会を開いたり、全国大会で学んだり……。
　　　「キャリア教育」について一生懸命勉強している！ 28
　　　用語解説 30
　　　さくいん 31

この本の使いかた

「寺子屋」
青字の言葉は用語解説（30ページ）でくわしく解説。

それぞれのテーマと関連のある写真や図を掲載。

本文をよりよく理解するための情報を紹介。

この本を監修してくださった長田徹先生のひとことコメント。

もっと考えよう！
よりくわしい内容や、関連するテーマを紹介。

見てみよう！
現場取材で、実際の例を具体的に紹介。

1 これだけは知っておきたい「変わるキャリア教育」

この本の「はじめに」には、「キャリア教育」は「なぜ学ぶのか、なぜ働くのかなどについて、小学生は小学生らしく、中学生は中学生らしく考えていくこと」とありますね。その「キャリア教育」が変わる？ いったい、どういうことでしょうか。

どう変わる？

これも、この本の「はじめに」に書いてあることですが、「キャリア教育」という学習が、学校で2003年ころからさかんにおこなわれてきたのです。「さまざまな仕事がどのようなものか、どうすればその職業につけるか」などを、小・中学生が学んできました。でも、これからは、その内容が「変わる」というのです。「仕事を知って職業へのつき方を学ぶだけでなく、将来仕事をする・職業につくために必要な能力や態度を育てることに力を入れる」(⇒p2)ことになりました。これが「変わるキャリア教育」です！

これまでの子どもたちは、学校で「仕事を知って職業へのつき方」を学んできましたが、これからのみんなは、「将来仕事をする・職業につくために必要な能力や態度を育て」ていかなければなりません。

どんな「能力や態度」

『大辞林』という大きな辞書には、「仕事」も「職業」もどちらも、生計を立てるためにすることだと書かれています。

「生計を立てる」とは、「自分で働いてお金をかせいで生活する」という意味です。これからの学校では、「自分で働いてお金をかせいで生活するための能力や態度」を学習していくことになります。しかも、とくに重要なのが「自分で」の部分です。

『大辞林 第三版』(三省堂)

背景にニート問題 ・・・・・・

「ニート」は、「Not in Employment, Education or Training」の頭文字を合わせて日本語読みをしたものです。意味は「就業、就学、職業訓練のいずれもしていない人」で、「若年無業者」ともいわれ、「15歳から34歳の非労働力人口のうち、家事も通学もしていない者」をさします。

このことばは、もともとイギリス人によりつくられたものですが、現代の日本でも大きな社会問題になっています。日本人は以前、世界から、会社のために身をつくして一生懸命に働くというイメージがありました。その証拠に「Karoushi（過労死）」ということばが、世界じゅうでもつかわれているのです。ところが近年、そういうイメージが、じょじょにくずれてきています。それが、ニートに象徴されているのです。

こうしたなかで、「自分で働いてお金をかせいで生活する」ことを、より若いうちから身につけなければならないと考えられるようになりました。

ニートになる理由 ・・・・・・

学校を出ても働かない人は、「なまけている」「努力していない」などといわれることがあります。しかし、学校を卒業して就職しようにもできない、就職できても劣悪な働き方を強いられて退職に追いこまれるということもあるので、「なまけている」などと責めてばかりではまずいのはいうまでもありません。病気になって働けなくなる人もいます。

それでも、親がいるから働かなくても大丈夫、といって仕事をしない人がいるのも事実です。そういう人は、「キャリア発達」ができていないとみられることがあります。

長田先生の ワンポイント
キャリア発達の意味は？

「キャリア発達」とは、「社会のなかで、自分の役割を果たしながら自分らしい生き方を実現していく過程」だよ。みんなも学校で、「社会人として、職業人として自立して生活するための能力や態度」をやしなっていかなければならないんだ。このことについて、もういちど2ページの「はじめに」をよく読んでくださいね！

2 「読み・書き・そろばん」って？

昔から日本では、「読み・書き・そろばん」が重要だと考えられてきました。これは、外国でも「3つのR」といってやはり、重視されています。「読み・書き・そろばん」＝「3つのR」とは、どういうことか見てみましょう。

なくてはならない力

日本では、昔から「読み・書き・そろばん」などといわれ、読む力、書く力、計算する力が、社会生活をするうえで、なくてはならないものだと考えられてきました。学ぶための基本力が、読解力、表現力であり計算力だとして、そうしたものを身につけることで、学力向上につとめたのです。

こうした考え方により、江戸時代には、すでに日本人の識字率（⇒右ページ）は江戸に限定すれば70〜80％になっていて、それは世界でも最高水準だったといわれています。その背景には、「寺子屋」とよばれる学校がありました。

文机がならんだ寺子屋のようす。

寺子屋の数は、江戸時代末期には、日本全国で見ると数万にものぼると予想されています。現在の小学校の数が、全国で約2万ですから、その多さにおどろきます。

2 「読み・書き・そろばん」って？

もっとくわしく
識字率

　識字率*とは、文字の読み書きができて、理解できる能力をもった人数の割合をいう。

　日本では、江戸時代の幕末期に武士階級でほぼ100％、庶民層でも男子で50％前後、女子で20％前後という推定値が出されている。

　庶民の就学率も高く、長屋に住む子どもでも男女ともに寺子屋へいったといわれている。寺子屋では、「いろは」や数字のほか読み物など、日常生活に必要な実用的・初歩的なことを教えた。義務教育ではないが、当時の日本では、自分にとって重要であるならば、自分たちで自治的に運営するのがあたりまえという感覚をもっていたと考えられている。

＊ユネスコでは「15歳以上の人口に対する、日常生活のかんたんな内容についての読み書きができる人口の割合」と定義している。

3つのR

　「読み・書き・そろばん」が大事だというのは、日本だけの考え方ではありません。英語にも「読み・書き・そろばん」にあたる「3つのR」ということばがあります。これは、「reading（読むこと）」「writing（書くこと）」「arithmetic（計算）」にふくまれる文字 r を大文字の R にしたものです。

長田先生のワンポイント
3つのRで大事なことは？

　「読み・書き・そろばん＝3つのR」は、じつは、字の読み書きができて、計算ができるというだけではないんだよ。それは、「人が成長し、大人になって社会に出るために、最低限知っておくべき基礎知識」という意味なんだ。このことは、14ページでくわしく見ていくよ。

書道の授業は、国語の授業で1、2年生は硬筆、3年生以上は毛筆を習う。2017年度から、全学年で書道科を正式科目とする自治体も登場している。

クラス全員で音読をしている授業風景。

7

もっと考えよう！ 世界では、「3R（アール）」ができないと……！

学校にいかずに市場を手伝うエチオピアの少女。

世界の国ぐに、とくに開発途上国では、3R（読み・書き・そろばん）ができないせいで、その人の人生がたいへんなことになってしまっています。

学校にいけない子どもが大人になると

子どものときに、学校にいかなかったり、いけなかったり、せっかくいってもやめてしまったりした経験のある大人は、世界じゅうにかぞえきれないほどいます。彼らは、3Rができないせいで、まともな仕事につけず、ほとんど収入が得られません。彼らのなかには、自分が学校にいけなかったので、自分の子どもも学校にいく必要がないと考える人もいます。

自らの意思で親や家族のために働こうとする、売春したり、志願して兵士になったりする人がいます。子どもが自らの意思でそうするというのは、強制的にさせられるよりも深刻な問題だといわれています。

長田先生のワンポイント
世界のようすを記すわけ
このページで、世界の子どもたちの深刻な状況について記すのは、3Rがどれほど重要なことかをみんなに考えてほしいからなんだ。

識字率と死亡率

現在の世界の15歳以上の人の識字率（⇒p7）は、全人口のおよそ85.3％（2016年）です。

文字が読める人が少ない（＝識字率の低い）国では、5歳までの乳幼児の死亡率が高くなっているという調査結果があります。

文字を読めない人が正しい知識や情報を手にいれにくいのは想像できますが、乳幼児の死亡率と関係があるというのにはおどろきます。それは、次のような事情によります。

- 正しい知識を得ることができないため、HIV／エイズなど、さまざまな感染症にかかる可能性が高まる。
- 女子の場合、若すぎる妊娠や出産が原因での死亡という可能性も高くなる。ユニセフの調査によると、15歳未満の女子が妊娠・出産時に命を落とす可能性は、20代の女性の5倍だという。

※このほかにもさまざまな理由から、識字率と5歳までの乳幼児の死亡率とが関係することがこれまでの研究からわかっている。

ストリートチルドレン

「ストリートチルドレン」とは、路上や公園で物ごいや物売りをして生活をする子どもをさすことばです。その数は現在、世界じゅうで3000万人以上とも、1億5000万人以上ともいわれています（正確にはわかっていない）。

ユニセフによると、毎年1億6800万人の子ども（5〜17歳）が児童労働の被害にあい、国際労働機関（ILO）の調べでは、推定98〜125万人の子どもたちが人身売買され、性産業などへ売られているといいます（そのほとんどは女子）。

子どもたちがこのような目にあう背景には、学校にいかずに読み・書き・そろばんができないことがあると指摘されています。

子ども兵士ができる理由

学校にいかずに3Rができないことでおこる、もっとも深刻な問題が、「子ども兵士」です。「子ども兵士」とは、武器をもって戦闘に参加する18歳未満の子どものことです。アムネスティ・インターナショナルは2005年現在、世界じゅうの子ども兵士の数は、25万人以上と推定しています。

3Rができない子どもは、知識がないためにだまされやすいのです。近年、軽量でかんたんにあつかえる武器が出まわり、子どもでも実際に武器をつかって戦闘することができるようになっているといいます。軍隊にとって従順に命令をきく子ども兵士は、地雷をさがしたり不発弾の処理をしたり、あぶない場所で偵察したりといった危険な仕事をさせるのにも、都合がいいとされています。

観光客を相手に物ごいをするインドの子どもたち。

インドのコルカタの路上で果物を売って生活をするストリートチルドレン。

3 日本で学校にいかないと、どうなる？

開発途上国では、8〜9ページのような深刻な状況もありますが、そこまでひどくなくても、読み・書き・そろばんができないことによるさまざまな問題が、日本でも生じています。

「貧困の連鎖」「貧困の悪循環」

生活保護世帯で育った子どもが、大人になって再び生活保護を受けることを「貧困の連鎖」、また、悪い状況がますます悪くなることを「貧困の悪循環」といいます。こうしたことがおこる背景には、子どものとき学校にいけない（いかない）で、読み・書き・そろばんができないまま大きくなってしまった人が、仕事や生活に必要な情報を手に入れにくくなることがあげられています。

いま、日本の学校では？‥

現在の日本は、リストラや倒産、失業などにより、生計を維持することがむずかしい世帯が増加しています。

親の仕事がうまくいかなくなれば、子どもが貧困におちいるのは当然です。それにつれて、貧困に苦しむ子どもも、どんどん増えているのです。その結果、相対的貧困率（⇒右ページ）で見て、日本の子どもの6人に1人が貧困だといわれています。

家庭でまともな食事ができない子どももおおぜいいるといいます。温かくて栄養のある食事を食べられるのは、学校給食だけだという子どももいます。

もっとくわしく

厚生労働省の「生活支援戦略 中間まとめ」

厚生労働省では、社会の分断や二極化をもたらす貧困・格差やその連鎖を防止するために、生活困窮世帯の次世代支援や学習支援などに力をそそいでいる。

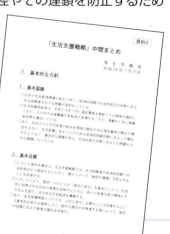

3 | 日本で学校にいかないと、どうなる？

日本でも深刻！

●子どもの貧困率の推移

※「子どもの貧困率」は子ども（17歳以下の者をいう）のみで算出した相対的貧困率のこと。「相対的貧困率」とは、平均所得の半分を下回っている人の割合をいう。たとえば日本の平均所得が300万円とすると、150万円以下で生活している人が貧困ラインを下回っているということになる。子どもの貧困率は、子ども全体に占める、所得が貧困ラインを下回っている子どもの割合のことをいう。

長田先生のワンポイント
貧困率の見方

子どもには所得がないのに、なぜ貧困率が算出できるかというと、貧困率は、その人の所得ではなく、その人が属する世帯の所得をもとに計算するからだよ。

子どもの貧困は、家庭にお金がないというだけの単純な問題ではありません。

現在の日本には、親の離婚などによるひとり親世帯、とくに父親がいなく、女性がおもなかせぎ手となっている家庭の貧困化が目立っています。かせぎ手が病気になったり、家族のだれかが病気や事故にあったりして、じゅうぶんな収入を得られなくなることもあります。また、ドメスティック・バイオレンス、子どもの虐待、病気や精神疾患、家族の自殺などを引きおこすこともあります。家族のだれかが犯罪にまきこまれたり、自らが犯罪を起こしたりなどといった深刻な問題もあります。

こうした問題が複雑にからみあい、子どもの貧困が生じています。

長田先生のワンポイント
背景に読み・書き・そろばん

ここで見た複雑な問題も、じつは、もとをかえすと、読み・書き・そろばんをしっかり身につけていかないことと関係しているんだよ。わかっていると思うけれど、読み・書き・そろばんの「そろばん」は計算する力のことだよ。

日本の子どもの貧困率は、先進国のなかでもアメリカなどに次いで高くなっている。貧困が影響していじめの対象になったり、不登校になったりするなど、子どもが将来に希望をもちにくい状況も生まれている。

11

日本の義務教育

もっと考えよう！

「はじめに」にも書いてあるとおり、日本では「義務教育」は、保護者が子どもに受けさせなければならないと定めた教育のことです。

「国民の三大義務」のひとつ

義務教育は、子どもに教育の機会をあたえなければならない保護者の義務であることを、ここで再度強調しておきます。なぜなら、義務教育について「子どもが学校にいく義務」だと考える人が多いからです。

> **憲法の第26条第2項**
> すべて国民は、法律の定めるところにより、その保護する子女に普通教育を受けさせる義務を負ふ

保護者が自分の子どもを学校にいかせることを意味しているこの憲法の条文は、「国民の三大義務」といわれ、とても重要なことだと考えられています。

もっとくわしく
国民の三大義務

日本では、「教育の義務」「勤労の義務」「納税の義務」を日本国憲法で定めている。これが「国民の三大義務」で、すべての国民が守らなければならないこととされている。「勤労の義務」「納税の義務」は、日本国民は働いて、国に税金をおさめなければならないということ。

長田先生のワンポイント
給食費と義務教育

義務教育とは子どもに義務を課しているわけではないんだよ。子どもには普通教育を受ける権利があるんだね。義務があるのは保護者なんだ。

現在、給食費の支払いをめぐって「義務教育なんだから給食費も国が出すべきだ」という意見を聞くことがあるけれど、責任と義務の意味をよく考えればわかることだよね。

義務教育の目的と目標

文部科学省では、義務教育について、つぎのように発表しています。

- 憲法、教育基本法、学校教育法、世界人権宣言、国際人権規約、子どもの権利条約、障害児関係法などに規定された市民権としての教育への権利を保障すること。
- 高度に発達した複雑な現代社会において、生涯を人間としてとにもかくにも生きていけるだけの資質・能力を体得させること。
- 「人間力」を備えた市民となる基礎を提供すること。つまり、社会に生きる市民として、職業生活、市民生活、文化生活などを充実して過ごせるような力を育むこと。

上では、「生涯を人間としてとにもかくにも生きていけるだけの資質・能力」「社会に生きる市民として、職業生活、市民生活、文化生活などを充実して過ごせるような力を育むこと」と記してありますが、これは、かんたんにいえば、将来、充実した生活ができるように「資質・能力」をやしなうことです。

もっとくわしく
資質・能力

学校教育法第30条には、「生涯にわたり学習する基盤が培われるよう、基礎的な知識及び技能を習得させるとともに、これらを活用して課題を解決するために必要な思考力、判断力、表現力その他の能力をはぐくみ、主体的に学習に取りくむ態度をやしなうことに、特に意を用いなければならない」とあり、このためには、①知識・技能、②思考力・判断力・表現力など、③主体的に学習に取りくむ態度、そのバランスのある学力育成（①②③を「学力の三要素」とよぶことがある）がもとめられる。

長田先生のワンポイント
いちばんたいせつなこと

ぼくは上にしめす「資質・能力」の3つの要素のうち、③の「主体的に学習に取りくむ態度、そのバランスのある学力育成」、いいかえれば、自分からすすんで学習する態度が、これからの社会を生きていくうえでとてもたいせつだと思っているよ。

4 「読み・書き・そろばん」の能力だけではだめ！

この本では、読み・書き・そろばん（＝「3つのR」⇒p6）について
なんども書いてきましたが、学校にいく目的は
それだけでないのは、いうまでもありませんね。

もうひとつの目的・・・・・・

13ページで学校教育法第30条の条文を見ましたが、そこにもあるとおり、学校にいく目的は「思考力、判断力、表現力その他の能力をはぐくみ、主体的に学習に取りくむ態度をやしなうこと」です。「思考力、判断力、表現力その他の能力」は、読み・書き・そろばんということになりますが、「主体的に学習に取りくむ態度」は、学校にいくもうひとつの目的だということになります。

長田先生のワンポイント

あらゆることを自らすすんで！

「主体的に学習に取りくむ態度」が重要というのは、学校で学ぶあらゆることについていえるね。国語でも算数でも、また、将来、仕事をする・職業につくために必要な能力や態度を育てるといったキャリア教育でも、自分からすすんで学習する態度が重要なんだ。

みんなが考える勉強する理由

学校にいく目的と関係するけれど、みんなが勉強するのは、なぜでしょうか。

下は、2014年におこなわれた「小中学生の学びに関する実態調査」の結果です。これを見ると、学校へいく目的について、読み・書き・そろばん（「3つのR」）だけでないことは、みんなも理解していることがわかります。

・勉強することが楽しいから
・新しいことを知ることができてうれしいから
・問題を解くことがおもしろいから
・ふだんの生活に役立つから
・世の中の役に立つ人になりたいから
・自分の夢をかなえたいから
・将来いい高校や大学に入りたいから
・将来安定した仕事につきたいから
・小学生・中学生のうちは勉強しないといけないと思うから
・成績が悪いとはずかしいから
・友だちに負けたくないから
・先生や親にしかられたくないから
・先生や親にほめられたいから
・成績がよいとごほうびをもらえるから

ベネッセ教育総合研究所「小中学生の学びに関する実態調査」2014年

「読み・書き・そろばん」のほんとうの意味

この本で、なんども、なんども出てきた「読み・書き・そろばん」は、じつは、そのまま国語・算数ととらえるのではなく、「最低限必要なもの」という意味だったのです。

そのことばができた時代には、「そろばん」という計算する道具が一般につかわれていました。少し前までは、そろばんを学校で学習していました。でも、いまでは、そろばんをやっている学校は、少なくなってしまいました。現在、そろばんのかわりになっているものは、パソコンだといってもよいでしょう。

「読み・書き・パソコン」！

必要なことは時代とともに変化する

現在、小学校でならうのは、将来、社会に出て、最低限必要なことです。2011年度から外国語活動として英語教育が「小学5年生から必修」となり、さらに2020年度には「小学3年生からの必修化*1」「小学5年生からの教科化*2」が実施されることになりました。これまでは、中学校から学んでいた英語を、より低い年齢のうちに身につけ、英語力を高めることが、将来必要だと考えられるようになったからです。

「読み・書き・パソコン・英語」！！

さらに2020年度から「ICT教育」や「プログラミング教育」の必修化が、検討されているといいます。

現在、公立小学校では、課外活動としてパソコン画面上のキャラクターを動かすようなかんたんなプログラミング教育をしているところもありますが、授業では、まだ教えられていませんでした。

「読み・書き・パソコン・英語・ICT」！！！

このように、「読み・書き・そろばん」、すなわち最低限必要なことというのは、時代とともにどんどん変化しているのです。

*1 国語や算数などのような「教科」ではなく、教科書のない「活動」のような位置づけのもの。

*2 国語や算数などのように、免許をもった専門の教師が教科書をつかって指導し、数値などによる評価をおこなうものを「教科」とよぶ。

近い将来、コンピュータをつかった授業や、英語の授業が時間割に入ってくる?!

長田先生のワンポイント

まだはやい？

英語教育もプログラミング教育も、小学校での必修化は、まだ早いのではないか、とする大人の声があるようだね。みんなは、どう思う？

5 学校でやしなうのは「態度」！

学校にいく目的のひとつに、将来のため、
将来の仕事のためというのがあります。毎日学校にいくことが
将来の仕事にむすびつくというのは、どういうことでしょうか？

読み・書き・そろばん以外では

成長過程にあるみんなは、将来、きびしい社会のなかで生きていかなければなりません。そのための基本的な知識をつけるところが、学校です。また、学校ではひとりの人間として自立し、社会で生きていくための知識やルール、マナーを学んでいます。これらは、机に向かって勉強するだけでなく、さまざまな体験をとおして得ていくものなのです。

学校にいくことで学べること

登校や下校のとちゅう、車や自転車に気をつけながら道を歩くことで、「安全意識」を学ぶことができます。体育の時間には、いろ

5 学校でやしなうのは「態度」!

いろな運動やスポーツをしながら「団体行動」を学びます。

短い休み時間になにをするか考えることも、頭をつかいます。だれと、どんな遊びをするか、どうやってさそえばいいかなど、会話の仕方を学びます。

人とのコミュニケーションは、学校のあらゆるときにつねに体得しているのです。

学校では「あいさつをする」「約束を守る」「好き勝手に行動をしない」「人のものをとらない」など、生活していくのに必要なルールやマナーを学んでいます。

運転者にわかるように、しっかり手をあげて、左右を確認しながら横断歩道を渡るというルールをみんなで実行する。

クラスのかかり活動をして、さまざまな約束や決まりのなかで役割をはたしていくことで、働くことの楽しさやくふうの方法などを知る。

毎日のそうじも、学びのひとつ。自分たちの学校を自分たちできれいにすることは、学校をたいせつにし、学校を愛することにつながる。

給食委員会のメンバーが、給食のマナーアップをよびかける。

みんなにとっての課題

文部科学省では、「子どもたちをめぐる課題」として、次のようにしめしています。少し長いですが、がんばって読んでください。15ページで見た、みんなにとって、必要なことが時代とともに変化するようすがくわしく書かれています。

長田先生のワンポイント
キャリア教育も変わらなければならない

下に書かれていることを見れば、キャリア教育が変わらなければならないことがよくわかるよ。この本のタイトル、『学校にいくのは、なんのため？』の答えも、ここにあるんだ。長くて、むずかしいことばも多いけれど、しっかり読んでほしいな。

子どもたちをめぐる課題

子どもたちが育つ社会環境の変化に加え、産業・経済の構造的変化、雇用の多様化・流動化等は、子どもたち自らの将来のとらえ方にも大きな変化をもたらしている。子どもたちは、自分の将来を考えるのに役立つ理想とする大人のモデルが見付けにくく、自らの将来に向けて希望あふれる夢を描くことも容易ではなくなっている。

また、環境の変化は、子どもたちの心身の発達にも影響を与え始めている。例えば、身体的には早熟傾向にあるが、精神的・社会的側面の発達はそれに伴っておらず遅れがちであるなど、全人的発達がバランス良く促進されにくくなっている。具体的には、人間関係をうまく築くことができない、自分で意思決定できない、自己肯定感をもてない、将来に希望をもつことができない、といった子どもの増加などがこれまでも指摘されてきたところである。

とどまることなく変化する社会の中で、子どもたちが希望をもって、自立的に自分の未来を切り拓いて生きていくためには、変化を恐れず、変化に対応していく力と態度を育てることが不可欠である。そのためには、日常の教育活動を通して、学ぶ面白さや学びへの挑戦の意味を子どもたちに体得させることが大切である。子どもたちが、未知の知識や体験に関心をもち、仲間と協力して学ぶことの楽しさを通して未経験の体験に挑戦する勇気とその価値を体得することで、生涯にわたって学び続ける意欲を維持する基盤をつくることができる。また、多くの学校で実践されている自然体験や社会体験等の体験活動は、他者の存在の意義を認識し、社会への関心を高めたり社会との関係を学んだりする機会となり、将来の社会人としての基盤づくりともなる。さらに、子どもたちが将来自立した社会人となるための基盤をつくるためには、学校の努力だけではなく、子どもたちにかかわる家庭・地域が学校と連携して、同じ目標に向かう協力体制を築くことが不可欠である。

今、子どもたちが「生きる力」を身に付け、社会の激しい変化に流されることなく、それぞれが直面するであろう様々な課題に柔軟かつたくましく対応し、社会人として自立していくことができるようにする教育が強く求められている。

小学校キャリア教育の手引き〈改訂版〉（平成23年5月文部科学省）より

6 学校と社会について考えてみよう

「小学校」のことを、英語で「エリメンタリ・スクール」といいます。このことばには、とても深い意味があります。みんなは、「えっ！」と感じるでしょうか。それとも、「なるほど」となっとくするでしょうか。

「スクール」はギリシャ語の「スコレー」から

「学校」は、日本語では「先生が児童や生徒に勉強や運動を教えるところ」のことです。『大辞林』には、次のように出ています。

一定の場所に設けられた施設に、児童・生徒・学生を集めて、教師が計画的・継続的に教育を行う機関。学校教育法では、小学校・中学校・高等学校・中等教育学校・大学・高等専門学校・盲学校・聾学校・養護学校および幼稚園を学校とし、ほかに専修学校・各種学校を規定する

英語では「スクール」といい、その語源は、古代ギリシャ語の「スコレー」からきています。これは「ゆとり」を意味することばです。勉強に没頭できる「精神的・時間的なゆとり」のことだといいます。

また、英語では「小学校」のことを「エリメンタリ・スクール」といいますが、「エリメンタリ」のもとになった「エリメント」は、「宇宙を構成する元素のこと」で、「すべてを生みだす基礎」という意味からそういっているのです。

長田先生のワンポイント

大中小の小

日本では、小学校、中学校、大学と大中小とかんたんにいっているけれど、海外では深い意味のことばなんだねぇ。でも実は、「学校」という用語は、昔の中国の儒学の校舎「学」・「校」が語源とされていたという説もあるよ。明治時代になって、小学校および師範学校が設立される前には、寺子屋、藩校、学問所、私塾などとよばれていたんだ。

明治時代の小学校の設置状況

日本では、明治時代になると全国に多数の小学校が設立されていき、文部省（現・文部科学省）が明治5（1872）年の学制をはじめると、急速に設置されていきました。

寺子屋から発展

日本の小学校の多くは寺子屋・私塾などを母体として成立したものでした。また、藩校や藩校と同類の武家の教育機関を母体として成立したものもありました。

当時、学校がつくられるスピードは、おどろくべきものだといわれています。すでに明治8（1875）年に2万4303校の小学校が開設され、そこに192万8152人の生徒がいました。その状況は、現在の小学校と大差がありません。

こうした状況の背景には、寺子屋の発達がありました。江戸末期には、寺子屋の数は、数万にのぼるといわれています。

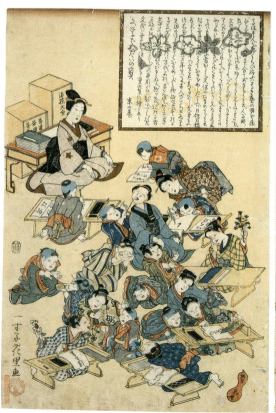
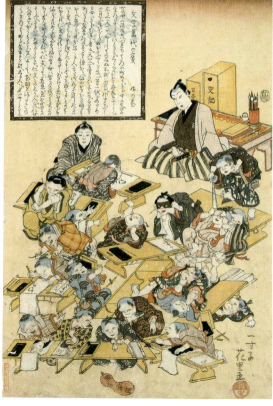

寺子屋の授業風景をえがいた2枚つづきの浮世絵。「始の巻」（右）では、男性の師匠が、「末の巻」（左）では女性の師匠がそれぞれ教えている。女性の師匠のうしろにえがかれている書物から、読み・書きだけでなく、華道や茶道、香道なども教えていたことがわかる。

「文学万代の宝」（一寸子花里／画、弘化年間1844～1848ころ）より
東京都立中央図書館特別文庫室所蔵

このようにして、学制発布直後における小学校は、従来の寺子屋・私塾その他の教育施設を改造したものでした。その後、しだいに改善され、近代化された初等教育施設として発展していきました。明治6（1873）～12（1879）年までの小学校の学校数・教員数・児童数は、次の表のとおりです。

●小学校の学校数・教員数・児童数（明治6～12年）

年次	学校数	教員数（人）	児童数（人）
明治6	12558	25531	1145802
明治7	20017	36866	1714768
明治8	24303	44664	1928152
明治9	24947	52262	2067801
明治10	25459	59825	2162962
明治11	26584	65612	2273224
明治12	28025	71046	2315070

文部科学省「学制百年史」より

長田先生のワンポイント

寺子屋といえば

ここで、なぜ日本の小学校のはじまりについて紹介したかといえば、それが寺子屋からはじまったからで、寺子屋といえば、「読み・書き・そろばん」を大事にしたんだよ。当時は、将来自立するために「読み・書き・そろばん」を習ったんだ。

もっと大事なことは、「読み・書き・そろばん」の前に社会人としての礼儀やマナーをしっかり教わったんだね。時代とともに、学校の目的も大きく変化してきたけれど、「みんなも学校で、社会人として、職業人として自立して生活するための能力や態度をやしなっていって、将来独立・自立していかなければならない」（⇒p5）について、より理解を深めてもらうために、このページが役に立つと思うんだ。

明治時代（1900年代）の小学校。正しい姿勢で本を読む子どもたち。20ページの寺子屋の授業風景とくらべると、まったくようすがちがうのがわかる。

©Meijishowa／アフロ

7 就職するってどういうこと？

就職とは、職を得てつとめることで、反対のことばは「退職」。
高校や専門学校・大学などを卒業する人が、はじめて職業につく、
会社へ入社することをいうことばです。いちど、職について
退職した人が、また就職するのは「再就職」です。

人生でもっとも重要なことのひとつ

就職がとても重要なのは、就職してからは、一日の大半をその仕事にかかわるからだといわれています。みんなが学校にいる時間以上にかかわるのです。

仕事から帰ってきたとしても、頭のなかが仕事という人もいます。それほど、仕事は重要なことなのです。人生の大半の時間を、仕事にかかわるといっても過言ではありません。それが楽しく、やりがいのあることなら、毎日が充実し、人生もよりよいものになるでしょうが、その反対ならたいへんです。だから就職は、人生でもっとも重要なことのひとつなのです。

独立・自立

「就職して独立する」「親から独立する」ということばを聞きます。この「独立」とは、自分の力で生計を営むこと、自分でお金をかせいで生活することをいいます。

また、「独立」と似たことばに「自立」があります。「自立」を辞書で引いてみると、「他への従属から離れて独り立ちすること。他からの支配や助力を受けずに、存在すること」などと書いてあります。

どちらも、みんなが、将来めざさなければならないことです。みんなは、学校で、自分で働いてお金をかせいで生活するための能力や態度をやしなっていって、将来、独立・自立していかなければなりません。それをみんなが上手にできるように、学校では、今、キャリア教育に力を入れているのです。

長田先生のワンポイント

経済的な自立・精神的な自立

自立には、一般に経済的な自立と精神的な自立があるよ。経済的自立は、お金の面で自分の人生に責任をもつということで、精神的自立は、自分の責任で生きることだよ。

いつ就職するか

現在の日本では、義務教育を終えて就職する人は、全体の0.4%ほどで、ほとんどの人が高校や専門学校に進学しています。しかし、進学しても学校をやめてしまって（中退）、結局、中卒者として働くという人も多くいます。

高校を卒業して就職する人は、全体の17.8%で、進路は、次のとおりとなりました。

●2015年春の高卒者の進路状況

大学・短大進学率（現役）	前年度より0.7ポイント上昇で過去最高	54.5%
大学（学部）進学率（現役）	前年度より0.8ポイント上昇で過去最高	48.9%
専門学校進学率（現役）	16.7%	前年度より0.3ポイント低下

文部科学省（2015年度）『学校基本調査報告書』より

消えゆく平等

日本は、憲法で国民のすべてが義務教育を受けることになっているので、教育の機会の平等が保障されているはずです。

ところが、現在の日本では、よい教育を受けられる可能性は、所得の高い親の子どものほうが高い状況にあります。なぜなら、より高い教育をのぞむときなど、親の所得が大きく影響するからです。

かつて、公立の名門高校から努力して一流といわれる大学に入る人がいましたが、今は、そういった大学へ合格する可能性が高いのはお金のかかる私立高校だという現実があります。職業の自由も憲法で保障されていますが、近年では親子間の仕事の種類が変わること（社会移動）が、以前より少なくなってきました。医者になるには、大学の医学部を卒業して医師国家試験に合格しなければなりませんが、医学部は授業料が高く、医学部に入るための塾や予備校などにいく費用も必要です。所得が高い親の子どもでなければ医者になりにくいという現実があります。

もっとくわしく

機会の平等の条件

「機会の平等」が成立するには、ふたつの条件が必要。ひとつは「全員参加の原則」。

人が教育を受けたい、仕事（就職）をしたいと願うとき、そうのぞむ人のすべてが参加できる機会があたえられなければならないこと。

もうひとつは、「非差別の原則」である。入学や就職試験の際、性別や年齢、学歴によって差別をしてはいけないということだ。

8 自分の将来を設計するには？

「生活設計」「人生設計」ということばがあります。「デザイナーになりたい」「美容師になりたい」など、将来の夢を実現するためには、自分自身で将来を設計していかなければなりません。

具体的にどうする

学校でおこなわれているキャリア教育は生活や人生を設計するために、しっかり身につけていくことがたいせつです。

まず、つきたい職業、やりたい仕事について調べることからはじめるのは、いうまでもありません。情報をインターネットや本・雑誌で調べたり、身近な大人に聞いてみたり。

でも、いちばんたいせつなのは、そうしたことを自らすすんでおこなうこと！ 大人や先生にいわれて調べるのではなく、その仕事をよりよく知るにはどうしたらよいか、自分のあたまで考えることがたいせつです。

つぎに、実際に行動にうつすことが重要。あこがれの仕事をしている人をさがして、その人の話を聞きにいったりできれば最高です。

長田先生のワンポイント

主体的に学習に取りくむ態度

14ページでもぼくは、自分からすすんで学習する態度が重要だといったけれど、ここでは、キャリア教育にとっても、自分からすすんで学習する態度が重要だとくりかえしたうえで、アクティブ・ラーニングの重要性についてもつけくわえるよ。アクティブとは「生涯を通じて能動的に学びつづける」という意味があるんだよ。「アクティブ・ラーニング」については、右ページをみてね。

アクティブ・ラーニングが決め手

最近、学校では「アクティブ・ラーニング」という勉強のスタイルが注目されてきました。これは、能動的な学習（自分から働きかける学習）のことで、先生がみんなに知識を教えるのではなく、みんなのほうから学習に取りくんでいこうとする授業です。

アクティブ・ラーニングには、実際にやってみて考える、意見を出しあって考える、わかりやすく情報をまとめなおす、応用問題を解くなど、いろいろな活動があります。そうしたさまざまなやり方で、より深くわかるようになることや、よりうまくできるようになることをめざします。じつは、キャリア教育には、アクティブ・ラーニングというやり方が、ぴったりなのです。

もっとくわしく

文部科学省の定義

アクティブ・ラーニングについて、文部科学省では「教員による一方向的な講義形式の教育とは異なり、学修者の能動的な学修への参加を取り入れた教授・学習法の総称」とし、そのうえで「学修者が能動的に学修することによって、認知的、倫理的、社会的能力、教養、知識、経験を含めた汎用的能力の育成を図る。発見学習、問題解決学習、体験学習、調査学習等が含まれるが、教室内でのグループ・ディスカッション、ディベート、グループ・ワーク等も有効なアクティブ・ラーニングの方法である」と解説している。

チームを組んで、協力しあって課題を解決していこうとするのが、アクティブ・ラーニングの方法。チーム学習を通して、「人間関係形成・社会形成能力」を高めることが目標とされている。

経済格差と教育格差

もっと考えよう！

私立中学校は現在全国で約750校あり、これは中学校全体の約7％にあたります。高い授業料をはらっても私立中学を受験するのは、「経済格差がうんだ教育格差の象徴」だといわれることがあります。

日本の都市の学校・地方の学校

現在、首都圏・関西圏を中心とした都市部には、私立中学を受験して進学する子どもが多くいます。地域によっては、ほとんどの小学生が受験するところもあります。これに対して、多くの地方では、ほぼ全員が地元の公立中学に進学します。私立中学の存在というのは、教育の場を選ぶ機会がある・ないを意味します。ところが、それは都市部と地方のあいだの教育格差であるといわざるをえません。私立中学は、一部の都市にしかないからです。

経済格差から生じる教育格差

私立中学を受験する子どもは、たいてい受験のために塾に通います。より人気の高い中学に合格するためには、塾にいく回数も、より多くなり、塾にいきはじめる時期もよりはやくなりがちです。塾の授業料も高く、公立なら必要のない入学金や高額の授業料が必要です。親が塾や中学の授業料をはらうことができなければ、私立中学には進学できません。これは、親の経済格差がうんだ教育格差だといわざるを得ません。

首都圏では、中学受験に向けて、進学のための勉強を4年生からはじめるのがふつう、ともいわれている。小学校生活の半分の時間を注ぐというわけだ。

キャリア教育が救いになるか？

　文部科学省の「小学校におけるキャリア教育の現状と課題」によると、自分が将来つきたい職業について、80.2％の児童が、「将来つきたい職業が決まっている」と回答しています。

　また、職業を選ぶにあたっては、「興味や好みに合っている職業」「性格や能力をいかせる職業」などという回答が多くあります。

　ところが、「興味や好みに合っている職業」「性格や能力をいかせる職業」という基準で職業を選ぶことは、できるのでしょうか。

　職業を選ぶ際の現実として、左ページで見たような進学の問題もあるのです。それでも、職業を自ら進んで選ぶようにしなければなりません。では、どうすれば、そうできるのでしょうか。ひとつには、学校のキャリア教育を充実させること。もうひとつは、そのキャリア教育を、みんながしっかり身につけることだと考えられています。

　経済格差や教育格差の問題は、みんながどうにかできることではありません。しかし、自ら真剣に将来の職業について考え、アクティブ・ラーニングで学習していくことで、いろいろな障がい物を少しずつでも排除していくことが、みんなにはもとめられているのです。

地元のまちの「よさ」をさぐり、その魅力を見つけ、たくさんの人に伝える、という学習。まちの人を教室にまねいてアドバイスをもらい、それをもとにチームでさらによいものに練りあげていく。

見てみよう！

先生たちも学校や地域で研究会を開いたり、全国大会で学んだり……。「キャリア教育」について一生懸命勉強している！

先生たちは、キャリア教育がとても重要なことをよく知っています。しかも、これまで以上に重要になってきているのを強く感じています。だから先生たちは、みんなのために日び勉強をしているのです。

全国キャリア教育研究会の開催

先生たちは、キャリア教育の重要性を理解し、それぞれがくふうして、いろいろな授業をおこなっています。それでも、もっといいやり方はないか、ほかの先生、ほかの学校では、どんなことをやっているのか、いろいろなやり方を知れれば、もっとよい授業ができるのではないか。そんな思いの先生たちが300人以上も、全国から京都に集まりました。公開授業を見たり、情報を交換したりしたのです。

京都大会の内容は？

2016年12月、京都市にある3つの小学校を大会会場に、「全国キャリア教育研究会京都大会」がおこなわれました。それぞれの学校では、みんなの授業参観のときのように、全国から集まってきた先生たちが、授業のようすを見学。教える先生たちも必死なら、見学している先生たちも、くいいるように授業と子どもたちのようすを見ています。その目的は、自分たちの授業に参考にするためです。

全国から集まった先生たちを前に研究発表などがおこなわれた。

各学校の取りくみが紹介された掲示板を見る先生たち。

学校と地域がつながる

このキャリア教育研究会で紹介された授業には、地域を知る授業もありました。地元の老舗をささえる人や、古くからつづく伝統を受けついでいる人たちなどが、自ら学校に出向いて、教室でいろいろな質問にこたえるというものです。質問する子どもたちも真剣なら、こたえる大人たちも真剣。こうしたキャリア教育は、地域の大人たちの人生経験や社会経験が学習材料となっているのです。学校と地域とが一体となったキャリア教育は、全国から集まった先生方にとって、とても参考になったといいます。

文部科学省は、つぎのようにもしめしています。

「誰かが何とかしてくれる、のではなく、自分たちが『当事者』として、自分たちの力で学校や地域を創り上げていく。子どもたちのために学校を良くしたい、元気な地域を創りたい、そんな『志』が集まる学校、地域が創られ、そこから子どもたちが自己実現や地域貢献など、志を果たしていける未来こそ、これからの未来の姿である」

長田先生のワンポイント

キャリア教育の名称自体について知らない

「小学校におけるキャリア教育の現状と課題」では、キャリア教育について「聞いたことがない」という保護者が73.6％を占めたんだって。反面、77.8％の家庭で、将来のみんなの職業について話題にされているんだ。また、小学校で職業や仕事についての学習をすることを「有意義だ」と回答した保護者は9割をこえているよ。ということは、保護者のキャリア教育に対する認知度は高いとはいえないけれど、潜在的な期待度は高いということだ。今後、小学校においてキャリア教育が充実していけば、さまざまな障がい物に、みんなと、みんなの家庭がいっしょになって立ち向かっていくことで、道もひらけていくと、ぼくは信じているよ。

メモをとったり、写真をとったりする先生たちも。

ベテランの先生たちも、みんなのために、真剣に学んでいる。

用語解説

本文中の覚えておきたい用語を五十音順に解説しています。

ICT教育 …………… 15

学校教育の場にICT（情報通信技術）を活用すること。電子黒板やノートパソコン、タブレット型端末などをつかった授業をさすことが多い。

アムネスティ・インターナショナル（国際人権救援機構）…………… 9

1961年に発足した世界最大の国際人権NGO。すべての人びとの人権が守られ、だれもが紛争や貧困、拷問、差別などの人権侵害で苦しむことのない世界の実現をめざす。

国際労働機関（ILO）……… 9

社会正義と人権および労働権を推進する国連の機関。1919年に第一次世界大戦の講和条約として調印されたヴェルサイユ条約にもとづいて、国際連盟の機関として発足。1946年に国連の最初の専門機関となった。スイスのジュネーブに本部がある。

生活保護世帯 …………… 10

生活保護を受給している世帯のこと。生活保護は、資産や能力などすべてを活用してもなお生活に困窮する人に対し、国や自治体が、困窮の程度に応じて必要な保護をおこない、健康で文化的な最低限度の生活を保障する公的扶助制度。

寺子屋 … 6、7、19、20、21

江戸時代におもに町民の子どもたちを集めて、読み・書き・そろばんなどを教えた初等教育機関。手習所ともいう。

ドメスティック・バイオレンス …………… 11

夫婦や恋人など親密な関係にある、またはあった者からふるわれる暴力。DVとも略される。

藩校 …………… 19、20

江戸時代に、諸藩が藩士の子弟を教育するために設置した学校。素読と習字を中心に習い、武芸も学んだ。

プログラミング教育 ……… 15

コンピュータに意図した処理をおこなうよう指示することができるということを子どもたちに体験させながら、将来どのような職業につくとしても、時代をこえて普遍的にもとめられる力としての「プログラミング的思考」をはぐくむこと。

ユニセフ（国連児童基金）… 8、9

国連の経済社会理事会の特別機関のひとつ。保健分野を中心に、栄養の改善、飲料水の提供、母子福祉、教育など子どもに関する援助をおこなっている。また、子どもの生存、発達、保護、社会参加というさまざまな権利を実現・確保するための「子どもの権利条約」（1990年発行）の作成に参加するなど、子どもの権利の実現に取りくんでいる。

ユネスコ（国際連合教育科学文化機関）…………… 7

1945年につくられた国連の専門機関。世界の人びとに働きかけて、教育、科学、文化に関する国際協力や交流をすすめ、国際平和を実現することを目的として活動している。

リストラ …………… 10

英語ではrestructuring。「再構築」という意味。売りあげがへるなどして、経営がつづけられなくなった会社やお店が、組織をもういちど見直して、いま働いている人、もっているお金やものなどを整理すること。不況の時期は、リストラが理由で会社をやめさせられる人が増える。

さくいん

あ行

ＩＣＴ教育 ……………… 15、30

アクティブ・ラーニング
……………… 24、25、27

アムネスティ・インターナショナル
……………… 9、30

安全意識 ……………… 16

英語教育 ……………… 15

エリメンタリ・スクール 19

か行

開発途上国 ……………… 8、10

かかり活動 ……………… 17

学校給食 ……………… 10

学校教育法 ……………… 13、14

Karoushi（過労死） ……………… 5

機会の平等 ……………… 23

義務教育 ……………… 7、12、13、23

キャリア教育
……………… 4、14、18、22、24、
25、27、28、29

キャリア発達 ……………… 5

給食費 ……………… 12

教育格差 ……………… 26、27

教育の義務 ……………… 12

教科化 ……………… 15

勤労の義務 ……………… 12

経済格差 ……………… 26、27

厚生労働省 ……………… 10

国際労働機関（ILO） 9、30

国民の三大義務 ……………… 12

子ども兵士 ……………… 9

コミュニケーション ……………… 17

さ行

再就職 ……………… 22

識字率 ……………… 6、7、8

仕事
……………… 4、5、8、9、10、14、
16、22、23、24、29

失業 ……………… 10

児童労働 ……………… 9

就職 ……………… 5、22、23

小学校
……………… 6、15、19、20、21、29

職業
……………… 4、14、22、24、27、29

自立 ……………… 5、16、18、21、22、23

スコレー ……………… 19

ストリートチルドレン ……………… 9

生活保護 ……………… 10、30

全員参加の原則 ……………… 23

全国キャリア教育研究会京都大会
……………… 28

相対的貧困率 ……………… 10、11

た行

退職 ……………… 5、22

団体行動 ……………… 17

寺子屋
……………… 6、7、19、20、21、30

倒産 ……………… 10

独立 ……………… 22

ドメスティックバイオレンス
……………… 11、30

な行

ニート ……………… 5

納税の義務 ……………… 12

は行

藩校 ……………… 19、20、30

非差別の原則 ……………… 23

必修化 ……………… 15

ひとり親 ……………… 11

貧困の悪循環 ……………… 10

貧困の連鎖 ……………… 10

プログラミング教育 15、30

ま行

3つのR（3R）
……………… 6、7、8、9、14

文部科学省
……………… 13、18、20、25、27、29

や行

ユニセフ ……………… 8、9、30

ユネスコ ……………… 7、30

読み・書き・そろばん
……………… 6、7、8、9、10、11、
14、15、16、21

ら行

リストラ ……………… 10、30

■監修

長田　徹（おさだ　とおる）

宮城県生まれ。石巻市立雄勝中学校社会科教諭、仙台市教育委員会指導主事などを経て、2011年5月から文部科学省。現在、初等中等教育局教育課程教科調査官、同児童生徒課／高校教育改革プロジェクトチーム生徒指導調査官。国立教育政策研究所生徒指導・進路指導研究センター総括研究官、同教育課程研究センター教育課程調査官。自らの中学校教員経験や各種調査結果をまじえ、「学ぶことと働くことをつなげる」キャリア教育や地域連携の重要性を説いている。

■著

稲葉　茂勝（いなば　しげかつ）

東京都生まれ。大阪外国語大学、東京外国語大学卒業。子ども向けの書籍のプロデューサーとして多数の作品を発表。自らの著作は『世界の言葉で「ありがとう」ってどう言うの？』（今人舎）など、国際理解関係を中心に著書・翻訳書の数は80冊以上にのぼる。2016年9月より「子どもジャーナリスト」として、執筆活動を強化しはじめた。

■写真協力（敬称略）

(p13、17右上、25、27、28、29) 京都市立洛央小学校
(p6、7) みよし市立黒笹小学校

■写真提供

(表紙) ベイレスイメージズ／PIXTA
(p6) shill ／ PIXTA
(p8、9) 小田桐知
(p21) アフロ
(p12) © milatas ／ Fotolia
(p16、17) Fast&Slow ／ PIXTA
(p17) CAN CAN ／ PIXTA
(p20) 東京都立図書館デジタルアーカイブ
(p22) 8x10 ／ PIXTA
(p24) IYO ／ PIXTA
(p26) KAORU ／ PIXTA

■参考資料

「小学校キャリア教育の手引き」（改訂版）（文部科学省）
http://www.mext.go.jp/a_menu/shotou/career/1293933.htm
「小学校におけるキャリア教育」（文部科学省）
http://www.mext.go.jp/component/a_menu/education/detail/__icsFiles/afieldfile/2012/05/21/1320712_16.pdf
「小学校におけるキャリア教育の現状と課題」
（文部科学省国立教育政策研究所）
https://www.nier.go.jp/shido/centerhp/career_jittaityousa/pdf/2_1.pdf
『変わる！　キャリア教育　小・中・高等学校までの一貫した推進のために』
編／文部科学省国立教育政策研究所生徒指導・進路指導研究センター
ミネルヴァ書房　2016 年

この本の情報は、2017 年 1 月現在のものです。

編集・デザイン　こどもくらぶ（二宮　祐子、矢野　瑛子）
企画・制作　株式会社エヌ・アンド・エス企画

シリーズ・「変わる！ キャリア教育」
①学校にいくのは、なんのため？
読み・書き・計算と学ぶ態度を身につけよう

2017 年 3 月 10 日　初版第 1 刷発行　　〈検印省略〉
2023 年 2 月 20 日　初版第 6 刷発行

定価はカバーに表示しています

監 修 者　長 田　徹
著 者　稲 葉 茂 勝
発 行 者　杉 田 啓 三
印 刷 者　藤 田 良 郎

発行所　株式会社 ミネルヴァ書房
607-8494 京都市山科区日ノ岡堤谷町1
電話 075-581-5191／振替 01020-0-8076

©稲葉茂勝，2017　印刷・製本　瞬報社写真印刷株式会社

ISBN978-4-623-08022-9
NDC375/32P/27cm
Printed in Japan

シリーズ・「変わる！ キャリア教育」

長田 徹 監修
（文部科学省初等中等教育局児童生徒課生徒指導調査官）

稲葉茂勝 著（子どもジャーナリスト）

27cm　32ページ　NDC375
オールカラー　小学校中学年～

1 学校にいくのは、なんのため？
読み・書き・計算と学ぶ態度を身につけよう

2 「仕事」と「職業」はどうちがうの？
キャリア教育の現場を見てみよう

3 どうして仕事をしなければならないの？
アクティブ・ラーニングの実例から

大人の方へ　あわせて読んでください！

変わる！ キャリア教育　小・中・高等学校までの一貫した推進のために
文部科学省 国立教育政策研究所生徒指導・進路指導研究センター 編
A4・96ページ　本体1,200円＋税

学習指導要領改訂の過程において、キャリア教育が一層重要視されている。本書は、国立教育政策研究所生徒指導・進路指導研究センターによる七年に一度の大規模調査「キャリア教育・進路指導に関する総合的実態調査」の調査結果の概要と、調査結果に基づいて作成した各パンフレットの内容をまとめたものである。キャリア教育を実践するためのポイントや取組例が盛り込まれた、小学校から高校まですべての教員必携の一冊。